Praxis-Handbuch Positionierung

Die Experten-Checkliste für Ihren Positionierungs-Erfolg

Bodo Schäfer

≣RSI.BOOKSHOP

© 2011 RSI.Bookshop GmbH, Bergisch Gladbach
Alle Rechte, auch der fotomechanischen Vervielfältigung und des auszugsweisen Nachdrucks, vorbehalten. Kein Teil des Werks darf in irgendeiner Form (durch Fotokopie, Mikrofilm oder ein anderes Verfahren) ohne schriftliche Genehmigung der RSI.Bookshop GmbH verabreitet oder vervielfältigt werden.

Projektkoordination:	Filiz Reintgen
Umschlaggestaltung:	Aysel Degerli
Satz/Reinzeichnung:	Burkhard Lieverkus, Wuppertal I www.lieverkus.de
Druck und Bindung:	Küpper Druck GmbH & Co. KG, Dirk Küpper, Köln
Verlag:	RSI.Bookshop GmbH
	Gustav-Stresemann-Str. 19, 51469 Bergisch Gladbach
	Tel: +49 (0)700 / 346 947 366
	Fax: +49 (0)700 / 346 947 329
	www.rsi-bookshop.de

4. Auflage
Printed in Germany

ISBN 978-3-936135-42-8

„Die letzten 100 Jahre haben wir angenommen, dass es Fachwissen geben müsse ... und einen davon deutlich unterschiedenen Platz, an dem bloß „die Arbeit getan werde". ... Wir erkennen heute an, dass in einer schnelllebigen, modischen Welt jeder ein Experte sein muss."

Tom Peters

Inhaltsverzeichnis

Vorwort   5

Teil 1:
Die Grundlagen einer erfolgreichen Positionierung   10
Positionieren Sie sich als Experte. Die zehn wichtigsten Positionierungs-Grundsätze. 30 Gedanken rund um Positionierung.

Neun Fragen zum Finden und Aufbauen Ihrer persönlichen   22
Position

Teil 2:
25 Fragen zur Analyse Ihrer jetzigen Position   29
    Wie ist Ihre jetzige Position? Welche Vorteile hat Ihr Produkt? Wer sind Ihre Kunden? Wie groß ist Ihr Wissen?

Teil 3:
Aufbau und Stärkung Ihrer Position   39
111 + 11 Fragen, um Ihre Position aufzubauen und zu stärken   42
    Warum kaufen Ihre Kunden bei Ihnen? Was ist Ihr Zielmarkt? Wie finden Sie neue Wege zu Ihren Kunden? Was ist Ihre Speerspitze? Welche Verkaufsanreize können Sie bieten?

Schlusswort   93

Vorwort

Als Erstes möchte ich Ihnen meinen Glückwunsch aussprechen, dass Sie dieses Praxis-Handbuch erworben haben. Es zeigt, dass Sie drei wichtige Wahrheiten über Positionierung verstanden haben:

1. Wahrer Erfolg ist heute nur möglich, wenn Sie sich positionieren. Es ist die einzige elegante Methode, wie Sie zu beruflicher Erfüllung gelangen können, ohne sich dafür buchstäblich „totzuarbeiten".
2. Ihre Positionierung ist niemals statisch. Sie müssen an ihr arbeiten. Der beste Weg dazu ist, dass Sie sich kontinuierlich die richtigen Fragen stellen. Nicht ohne Stolz erlaube ich mir zu sagen: **In diesem Handbuch finden Sie die besten Fragen**, die Sie sich zu diesem Thema jemals stellen können. Ich habe sie über Jahre entwickelt und gesammelt.
3. Und die dritte Wahrheit: Positionierung sollte fortan ein fester Teil Ihrer täglichen Arbeits-Routine sein. Alle Versuche, dies regelmäßig in die Freizeit zu verlagern scheitern auf Dauer – oder Sie überarbeiten sich. Mein Tipp: Wenn Sie ins Büro kommen, so sollte die erste Stunde Ihrer Positionierung gehören. Lesen Sie einige Seiten in guten Marketing-Büchern; denken Sie über einige Fragen aus diesem Handbuch nach.

Ich möchte Sie an etwas wichtiges erinnern: Fangen Sie niemals an, die Erfolgsleiter empor zu klettern, bevor Sie nicht sicher sind, dass die Leiter an der richtigen Mauer lehnt. Sie kämen ansonsten nur schneller ans falsche Ziel. Ausgangspunkt muss immer Ihr Talent sein und das, was Ihnen wirklich Spaß macht (vergl. Kapitel 4 und 5 in meinem Buch „Endlich mehr verdienen").

Die entscheidende Frage ist: Entwickeln Sie gerade Ihr Kerngeschäft – oder Ihre Kernfähigkeit? Immer dann, wenn Sie sich zuerst auf Ihr Kerngeschäft konzentrieren, werden Sie sich auf Dauer unfrei fühlen. Sie ordnen sich dann „Sachzwängen" unter. Wenn dagegen Ihre Kernfähigkeit im Vordergrund steht, fühlen Sie sich erfüllt und frei. Denken Sie also immer daran: Kernfähigkeit kommt vor Kerngeschäft.

Wie können Sie das eine vom anderen klar unterscheiden? Zum einen, indem Sie sich vollkommen klar sind, was Ihre Talente und Stärken sind. Zum anderen gibt es einen klaren Hinweis: Wenn Sie sich morgens mit großer Freude an Ihre Positionierung setzen – eigentlich gar nicht anders können –, handelt es sich um Ihre Kernfähigkeit. Wenn Sie sich dagegen mit eiserner Disziplin zwingen müssen, haben Sie wahrscheinlich Ihre Freiheit aufgegeben und versuchen Ihr Leben in den Dienst irgendeiner geschäftlichen Kernkompetenz zu stellen.

Wie entsteht Erfolg?

Als Autor und Redner versuche ich immer wieder, die ultimative Antwort auf diese Frage aller Fragen zu finden: Wie entsteht Erfolg und welche Voraussetzungen sind für Erfolg notwendig? Hilfreich ist, dass sich bereits Tausende vor mir dazu Gedanken gemacht haben. Nachdem ich unzählige Seminare besucht und gehalten habe, ca. 3.000 Bücher zu dem Thema gelesen habe, von einigen hervorragenden Coaches lernen durfte, ... glaube ich Ihnen eine Antwort geben zu können:

Für Ihren beruflichen Erfolg benötigen Sie dreierlei. Ich erwähne diese drei Bestandteile deshalb, um Ihnen den „großen Überblick" zu geben. Denken Sie daran, alle drei Bestandteile für Ihren Lebenserfolg auszubauen – auch wenn dieses Handbuch nur von einem handelt, der Positionierung. Sie finden das Ganze grafisch dargestellt auf der nächsten Seite. Die drei Bestandteile sind:

1. **Stärken.** Dieses Wort ist ein Oberbegriff. Stärken setzen sich zusammen aus

    ⊃ Skills: die Einzelschritte einer Aktivität – die müssen wir erlernen und üben;

    ⊃ aus angeborenen Talenten: natürlich auftretende Muster von Gedanken, Gefühlen und Verhalten. Sie müssen Ihre Talente kennen – und sie dann gezielt weiterentwickeln mithilfe von Skills, und indem Sie es um den dritten Punkt ergänzen:

    ⊃ Wissen: Das besteht aus Fakten-Wissen und Erfahrungs-Wissen.

2. **Persönlichkeits-Qualitäten.** Ohne diese zerstören Sie jede Karriere. Sollte Ihnen Disziplin, Ehrgeiz, Wissensdurst fehlen, so nützen alle Stärken (Skills, Talente und Wissen) nur begrenzt etwas. Im Buch „Die Gesetze der Gewinner" habe ich die 30 Voraussetzungen für inneren und äußeren Erfolg erläutert. Hier reicht es festzustellen, dass auch die Persönlichkeits-Qualitäten ebenso wie die Stärken unterteilt werden können in:

    ⊃ Skills: Viele Gewohnheiten können Sie systematisch „erlernen", indem Sie mit Willensstärke und Disziplin gewisse Verhaltensmuster übernehmen.

    ⊃ Angeborene Talente: Manche Dinge kann man zwar bedingt trainieren, aber wenn die Grundlage dazu in unserem Charakter nicht gegeben ist, dann wird es schwer ... Aus diesem Grund bin ich davon überzeugt, dass nicht jeder Mensch dazu geeignet ist, Unternehmer zu sein (nicht jeder ist risikofreudig, machthungrig, will siegen, liebt Probleme, hat unternehmerische Intuition ...).

- Wissen: Sie müssen wissen, wie die menschliche Natur allgemein funktioniert und wie Sie im Speziellen veranlagt sind (Fakten und Erfahrungswissen). Nur mit diesem Wissen können Sie sich bewusst verbessern.

3. **Positionierung** ist dann die dritte Voraussetzung für beruflichen Erfolg. Denn zum einen wird Ihnen erst durch die Positionierung klar, was Sie genau tun sollten mit den Ihnen von der Natur mitgegebenen Stärken und Persönlichkeits-Qualitäten. Zum anderen wirken die (eingehaltenen) Grundsätze der Positionierung wie Katalysatoren auf Ihre Bemühungen. Es ist nicht übertrieben zu sagen: **Wenn Sie mit diesem Handbuch täglich arbeiten, werden Sie einen unglaublichen Quantensprung machen.** Sie werden eine Erfolgs-Explosion erleben.

Jetzt werden Sie vielleicht fragen: „Wie können Sie da so sicher sein? Sie kennen mich doch gar nicht." Meine Antwort: Ich habe viele hundert Menschen sorgfältig beobachtet – viele von ihnen ausführlich beraten – und deren berufliche Entwicklung über Jahre verfolgt. Ich weiß aus Erfahrung: Die Grundsätze der Positionierung und die Fragen in diesem Handbuch bewirken immer Erfolg. Und immer übertrifft dieser Erfolg bei weitem die eigene Vorstellung und die Erwartungen.

Zum anderen kenne ich Sie besser, als Sie vielleicht denken. Denn auch wenn inzwischen einige Millionen Menschen meine Bücher gelesen haben – so sind es doch immer nur ganz ganz wenige, die meine Praxis-Handbücher kaufen. Nicht einmal 5.000 (!). Handbücher sind unangenehm. Für Sie – denn hier handelt es sich nicht um angenehme Lektüre, sondern um Arbeit (allerdings um sehr erfüllende, spannende Arbeit). Für mich – denn ich kann daran buchstäblich nichts verdienen. Aber ich schreibe sie, weil es Menschen wie Sie gibt: Jemanden, dem ich einige Hilfen geben kann auf dem unangenehmen Weg zum großen und erfüllenden Erfolg.

In diesem Sinne wünsche ich Ihnen: Per aspera ad astra – auf hartem Weg zu den Sternen.

Herzlichst, Ihr

Bodo Schäfer

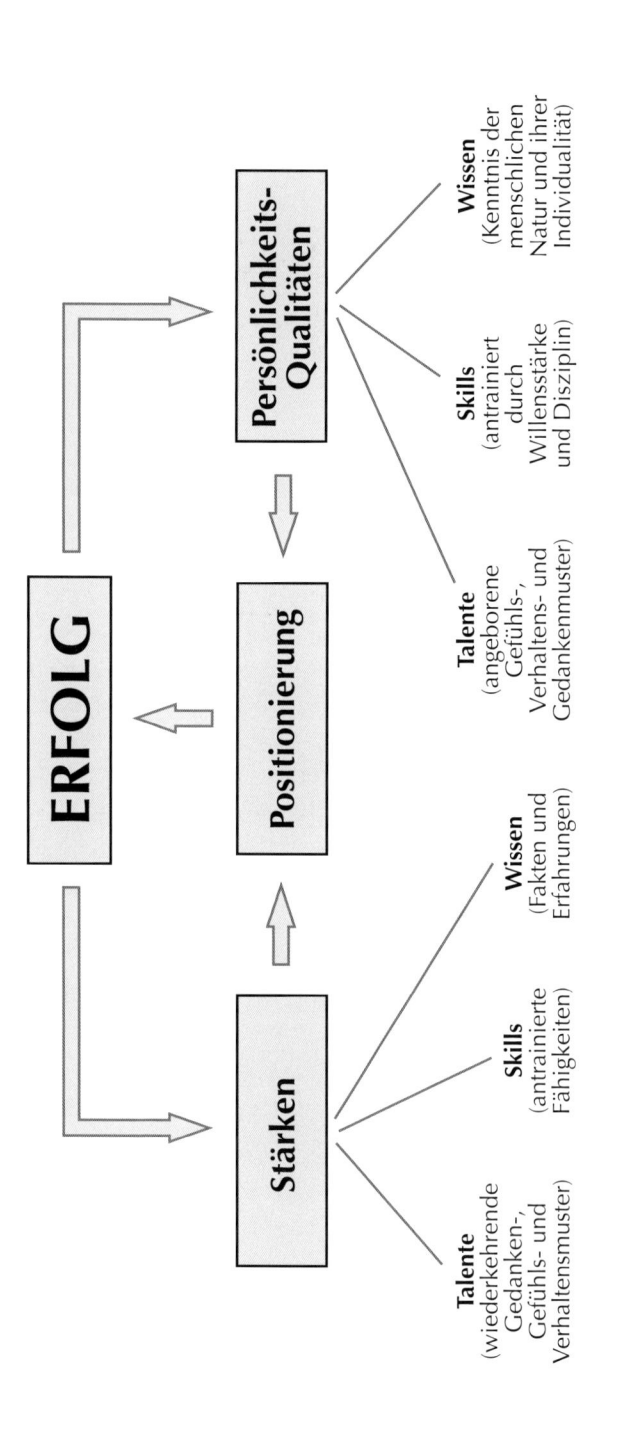

```
                           ┌──────────────┐
                ┌─────────▶│   ERFOLG     │◀─────────┐
                │          └──────────────┘          │
                │                                    │
        ┌───────────────┐                    ┌───────────────────┐
        │    Stärken    │                    │ Persönlichkeits-  │
        │               │                    │    Qualitäten     │
        └───────────────┘                    └───────────────────┘
                │                                    │
                ▼                                    ▼
                      ┌──────────────────┐
                      │  Positionierung  │
                      └──────────────────┘
```

```
   Stärken                                    Persönlichkeits-Qualitäten

Talente      Skills       Wissen           Talente        Skills         Wissen
(wieder-     (antrainierte (Fakten und      (angeborene    (antrainiert   (Kenntnis der
kehrende     Fähigkeiten) Erfahrungen)      Gefühls-,      durch          menschlichen
Gedanken-,                                  Verhaltens- und Willensstärke  Natur und ihrer
Gefühls- und                                Gedankenmuster) und Disziplin) Individualität)
Verhaltensmuster)
```

Kurzformel: (Stärken + Persönlichkeits-Qualitäten) × Positionierung = Erfolg

Praxis-Handbuch Positionierung

Die Experten-Checkliste für Ihren Positionierungs-Erfolg

Teil 1: Die Grundlagen einer erfolgreichen Positionierung

Dieses Praxis-Handbuch kann Ihr Leben verändern! Zumindest aber kann es Ihr Einkommen auf eine Höhe bringen, die Ihnen heute noch vollkommen unrealistisch erscheint. Sie können innerhalb von drei Jahren das Doppelte verdienen – und sogar mehr! Natürlich wird Ihnen soviel mehr Einkommen nicht geschenkt. Sie müssen einen Preis dafür zahlen:

Erstens müssen Sie wahrscheinlich sehr stark umdenken und vieles komplett verändern. Dazu sind viele Menschen nicht bereit; es erscheint ihnen zu risikoreich.

Zweitens müssen Sie sich ca. eine Stunde täglich mit Ihrer Positionierung beschäftigen. Dieses Buch und die darin enthaltenen Checklisten und Fragen können Ihnen den Weg weisen – aber gehen müssen Sie schon selbst.

Warum spezialisieren sich so wenige?

Wenn ich auf unseren Seminaren die Frage stelle: „Wer kann seine Position in wenigen Sätzen beschreiben?", dann herrscht bei den meisten große Stille. Auch in persönlichen Gesprächen kann mir fast niemand diese Frage beantworten. Ich habe nach den Gründen geforscht. Es gibt mehrere:

Zum einen sind die Grundsätze der Positionierung noch recht neu und noch kaum bekannt. Bis vor ca. hundert Jahren galt der Allrounder viel. Noch heute bewundert man gerne Menschen mit „großer Allgemeinbildung" und spricht despektierlich vom „Fach-Idioten". In ihrem Urteil geht die Masse aber fehl – wie so oft.

Zweitens scheint es langweilig zu sein, wenn man sich spezialisiert und immer nur das Gleiche tut. Diese Aussage wird natürlich nur von Nicht-Experten getroffen. Der Experte weiß: Das Gegenteil ist wahr. Wenn Sie sich nicht spezialisieren, dann bleiben Sie auf einer Stufe stehen. Sie kommen nicht weiter und Ihre tägliche Routine ändert sich nicht. *Die spannenden Arbeiten müssen Sie immer den Experten überlassen.*

Der Experte hat zwar nur einen kleinen Aufgabenbereich. Aber das Wissen verdoppelt sich in vielen Gebieten alle drei Jahre. Er lernt in der gleichen Geschwindigkeit – ein Leben lang. Dies ist natürlich nur möglich, weil das Gebiet relativ klein und übersichtlich ist. So verändert sich seine tägliche „Routine" ständig. Vor allem aber kommt er auf ein immer höheres Niveau.

Drittens denken viele, Experten seien keine interessanten Menschen und langweilige Gesprächspartner. Auch diese Annahme trifft nicht zu. Je spezialisierter Sie sind, umso eher suchen hochkarätige Persönlichkeiten Ihren Rat.

Oder glauben Sie, unser Bundeskanzler lässt sich von jemanden beraten, dem der Ruf vorauseilt, von vielem ein bisschen zu wissen – aber nichts Genaues? Er wird sich natürlich vom besten Experten auf dem jeweiligen Gebiet Ratschläge einholen. Darum gilt: *Je mehr Sie von einem Spezialgebiet wissen, desto mehr interessante Personen lernen Sie kennen.*

Der vierte Grund, warum sich so wenige als Experten positionieren, ist schlicht und einfach Angst. Angst, nicht genug Kunden bzw. Arbeit zu bekommen bzw. Kunden zu verlieren. Lieber bieten viele darum ihren Kunden so viel wie möglich an. So wollen sie ihre Kunden binden und möglichst viel Geschäft machen.

Bis vor 50 Jahren mag diese Angst in vielen Bereichen berechtigt gewesen sein. Aber heute haben wir durch die modernen Medien unglaubliche Möglichkeiten, Informationen zu verbreiten. Und Entfernungen sind durch die heutige Verkehrstechnik kein Problem mehr. Um ein bestimmtes Problem zu lösen, können wir heute leicht viele hundert Kilometer reisen.

Heute gilt: Je spezialisierter Sie sind, desto mehr Kunden haben Sie. Prüfen Sie selbst, bei wem Sie schwieriger einen Termin erhalten: bei dem Allrounder oder bei bekannten Spezialisten? *Angst muss heute nur derjenige haben, der sich **nicht** spezialisiert.*

Der fünfte Grund: Viele Menschen können nicht nein sagen; sie wollen oder können den Verlockungen der vielen schönen Dinge am Wegesrand nicht widerstehen. Wie Rotkäppchen im Märchen lassen sie sich immer tiefer in den unübersichtlichen Wald hineinziehen. Um kurzfristiger Vorteile willen verlieren sie ihr eigentliches Ziel aus den Augen. Ein Experte muss aber nicht nur wissen, was er will, er muss auch wissen, was er *nicht* will. Die Fähigkeit zur Konsequenz trennt die Spreu vom Weizen.

Die zehn wichtigsten Positionierungs-Grundsätze

Nachfolgend finden Sie die 10 Positionierungs-Grundsätze im Überblick (aus „Endlich mehr verdienen"):

1. Positionierungs-Grundsatz:
Nicht besser, sondern anders sein

Wenn ich Seminarteilnehmer frage: „Warum soll ich bei Ihnen kaufen bzw. zu Ihnen kommen?" – so höre ich besonders oft: „Weil ich der beste bin." Und schon habe ich einen der schlimmsten Fehler entlarvt, den man im Berufsleben machen kann.

Natürlich bin ich ein Freund von Qualität. Wer keine saubere Arbeit leistet, der ist sehr bald weg vom Fenster. Aber Qualität ist nicht geeignet, um damit Werbung zu machen. Dafür gibt es zwei Gründe:

Erstens behaupten heute fast alle Unternehmen, die besten zu sein. Die meisten lügen. Ein neuer Kunde kann nicht unterscheiden, ob Sie nun die Wahrheit sagen oder nicht. Also geht er lieber zu dem Anbieter, der sich an den ersten Grundsatz hält: Nicht besser, sondern anders.

Zweitens erzielt man mit der Behauptung, der beste zu sein, keine Aufmerksamkeit. Dafür ist sie zu unspektakulär. Qualität ist etwas, das man voraussetzt. Der Kunde will wissen, was Sie von den anderen Anbietern unterscheidet. Die entscheidende Frage lautet: Was bekommt der Kunde bei Ihnen, was er von keinem anderem bekommt?

Wenn Sie tun was alle tun, dann sind Sie so wertvoll wie Sand in der Wüste. Da nützt es Ihnen ziemlich wenig, wenn Sie den „besten" Sand haben.

2. Positionierungs-Grundsatz:
Es genügt nicht, exzellent zu sein, Sie müssen außergewöhnlich sein.

Es interessiert keinen Menschen, wenn Sie exzellent sind. Wir interessieren uns nur für das Außergewöhnliche. Gewinner glauben nicht an den Grundsatz „dabei sein ist alles."

Unser Gehirn musste lernen, zuerst die normalen und die unwichtigen Dinge auszublenden; dann alles, was nicht wirklich sensationell ist – wir würden sonst buchstäblich verrückt. Wir können nur noch auf die außergewöhnlichen Ereignisse achten.

Wenn Sie auf sich aufmerksam machen wollen, müssen Sie also außergewöhnlich sein. Sie müssen einen Weg finden, aus allen Mitbewerbern herauszuragen.

3. Positionierungs-Grundsatz: Der Erste sein

Überlegen Sie, in welcher Nische Ihrer Branche Sie der Erste sein können. Dabei gilt folgender Grundsatz: Je kleiner die Nische, desto leichter ist es, der Erste zu sein. Schon Julius Caesar wusste: „Es ist besser, der Erste in einem Dorf zu sein, als der zweite in der Stadt." Frei übersetzt: Es ist besser, der Erste in einer kleinen Nische zu sein, als einer von vielen in einer ganzen Branche.

4. Positionierungs-Grundsatz: Wenn Sie nicht der Erste sein können, dann erfinden Sie eine neue Kategorie

Erinnern Sie sich an den ersten Flug über den Atlantik? Und dass kaum jemand weiß, wer der Zweite war, der ihn überquerte? Dabei ist interessant, dass der dritte Mensch wieder gut bekannt ist: Emely Earheart. Sie war nämlich die erste Frau, der dies gelungen ist. Sie war also in ihrer Kategorie die Erste.

Das Gleiche gilt für Reinhold Messner. Er war nicht der Erste, der den Mount Everest bestiegen hat – und auch nicht einer der ersten zehn. Also gründete er eine neue Kategorie: Er ist der erste Mensch, der ohne Sauerstoff-Gerät auf diesen Berg stieg. Und er ist der Erste, der alle Achttausender bestieg. Und er ist der erste Europäer, der Managern erklärt, was sie vom Bergsteigen lernen können. (Sie sehen, wenn man es einmal verinnerlicht hat ...).

5. Positionierungs-Grundsatz: Besser spitz statt breit

Versuchen Sie nicht breit in den Markt zu dringen. Je größer das Angebot ist, mit dem Sie werben, desto schwieriger ist es, Aufmerksamkeit zu bekommen. Zu viele Firmen werben mit zu vielen Dingen. Ihr Angebot ist zu breit. Sie machen es ihren Kunden unnötig schwer.

Je „spitzer" Sie eintauchen, desto besser. Je enger Sie Ihr Geschäftsfeld definieren, desto schneller wächst Ihr Marktanteil. Je breiter Sie sich hingegen präsentieren, desto weniger erreichen Sie.

Machen Sie darum möglichst nur mit einem Produkt oder einer Fähigkeit auf sich aufmerksam. Haben Sie einen Kunden erst einmal gewonnen, können Sie selbstverständlich mehr anbieten. Bewerben Sie den kalten Markt (wo man Sie nicht kennt) spitz; bieten Sie ihrem warmen Markt (Ihr Kundenstamm) aber alles, was zu Ihrer Positionierung passt.

Wenn Sie „klein" sind und schnell wachsen wollen, müssen Sie spitz in den Markt eindringen – ansonsten kommen Sie gar nicht hinein.

Merke: Meist ist es auch für Ihren warmen Markt besser, spitz zu bleiben. Denn auch für Ihre Kunden gilt der Grundsatz: Man nimmt niemandem ab, dass Sie ein Experte in vielen Gebieten sind. Je spitzer Sie bleiben, desto glaubwürdiger sind Sie. Und je glaubwürdiger Sie sind, desto erfolgreicher sind Sie.

Sie brauchen Mut zum Verzicht. Weniger ist mehr. Wenn Sie wirklich Karriere machen wollen, dann müssen Sie sich für ein Spezialgebiet entscheiden. Es ist besser zu zielen als zu streuen.

6. Positionierungs-Grundsatz: Wählen Sie ein Grundbedürfnis und kein besonderes Verfahren

Spezialisierung ist unbedingt notwendig; aber nicht die Spezialisierung auf ein bestimmtes Verfahren, sondern auf ein Grundbedürfnis. Wählen Sie aus, worin Sie Experte sein wollen, und nutzen Sie dann alle technischen Möglichkeiten, die Ihnen zur Verfügung stehen.

So geben Sie Ihrem Kunden das Gefühl, nicht nur ein bestimmtes Produkt verkaufen zu wollen, sondern sein Bedürfnis mit den bestmöglichen Hilfsmitteln zu befriedigen. Experten, die sich auf Grundbedürfnisse spezialisiert haben, wirken souveräner und sind unabhängig.

Hier liegt einer der größten Vorteile eines Experten: Er gibt dem Kunden das Gefühl, die Interessen des Kunden zu vertreten. Der Experte ist unabhängig und sucht das passende Produkt oder die passende Vorgehensweise für seinen Kunden. Natürlich wirkt sich das positiv für den Experten aus: Kunden rufen ihn an;

während Unternehmer ihre Kunden akquirieren müssen. Darum gilt: Je mehr ein Unternehmer auch Experte ist, desto eher kommen Kunden auf ihn zu.

7. Positionierungs-Grundsatz: Wählen Sie eine kleine Zielgruppe

Die meisten Menschen wollen alles für alle sein. Wer aber versucht, es allen recht zu machen, der macht es schließlich keinem recht. Es gibt den Trend: Halte Deinen Kunden. Und das ist natürlich wichtig. Firmen unternehmen viele Anstrengungen, um ihre Kunden zufrieden zu stellen. Bevor Sie dies tun, sollten Sie sich aber eine entscheidende Frage stellen: Wollen Sie den Kunden überhaupt? Denn Sie werden nur dem Kunden auf Dauer guten Service bieten, den Sie respektieren und wirklich mögen.

Bilden Sie Ihr Geschäft nicht um die Kunden, die Sie haben, sondern bilden Sie Ihr Geschäft in einer Weise aus, dass Sie die Kunden anziehen, Sie gerne haben möchten. Firmen können es sich heute aussuchen, wen sie als Kunden haben wollen.

Es gibt zwei ausschlaggebende Gründe, warum Sie Ihre Zielgruppe klein halten und genau bestimmen sollten:

Erstens wollen Kunden in ihrer Eigenart und ihren besonderen Bedürfnissen und Wünschen ernst genommen werden. „Einheitslösungen" gelten immer mehr als unseriös und werden abgelehnt. Sie können nur dann ein einzigartiges und konkurrenzloses Produkt schaffen, wenn Sie die Besonderheiten Ihrer Kunden kennen.

Zweitens können Sie Ihre Zielgruppe gar nicht bewerben, wenn Sie nicht sehr viel über sie wissen. Sie würden nur Ihr Geld zum Fenster rauswerfen. Es reicht auch nicht, dass Sie einiges wissen; Sie müssen soviel wie möglich wissen: Alter, Beruf, Familienstand, Hobbys, die TV-Sendung, die sie sehen und Magazine, die sie lesen, wofür sie Geld ausgeben, ihre Vorbilder und Helden, Schulbildung, Interessen … eben so viel wie möglich.

8. Positionierungs-Grundsatz: Lösen Sie für andere ein Problem

Wie können Sie wohl am besten herausfinden, was das dringendste Problem ihrer Zielgruppe ist? Indem Sie Kontakt mit ihnen halten. Sprechen Sie immer wieder mit Ihren wichtigsten Kunden. Finden Sie heraus, was sie beschäftigt. Bieten Sie Lösungen an. Je größer ein Problem ist, desto stärker ist der Wunsch, einen wirklichen Spezialisten zu finden.

Lassen Sie zu, dass andere für Sie tun, was Sie für andere tun: Erlauben Sie anderen Ihre eigenen Probleme zu lösen. Es gilt: Suchen Sie nach geeigneten Kooperations-Partnern. Sehr oft kann ein anderer viel leichter und kostengünstiger ein Problem lösen, als Sie es können. Es ist darum die logische Konsequenz der Positionierungs-Strategie, gewisse Aufgaben an andere Firmen zu delegieren und Partner zu suchen, und zwar solche, deren Fähigkeiten sich mit den Ihren ergänzen.

9. Positionierungs-Grundsatz: Reden Sie darüber

Es genügt also nicht, dass Sie die ersten acht Grundsätze erfolgreich umsetzen; Sie müssen auch andere auf sich aufmerksam machen. Selbst wenn Sie der erste Mensch wären, der den Mars betritt - solange niemand davon erfährt, nützt es Ihnen nichts.

Wir müssen also den dritten und vierten Grundsatz ergänzen. Sie sollten nicht nur der Erste sein, sondern auch der Erste, den die Öffentlichkeit damit in Verbindung bringt.

Es bleibt Ihnen gar nichts anderes übrig, als sich in der Öffentlichkeit als Experte zu präsentieren. Alleine Ihre Bekanntheit entscheidet über die wirtschaftliche Verwertbarkeit Ihrer Positionierung.

10. Positionierungs-Grundsatz: Bestimmen Sie den Preis

Wenn Ihre Firma anders ist und einen Vorteil bietet, den der Kunde nirgendwo sonst bekommen kann, dann können Sie den Preis festlegen. Wenn Sie sich nicht unterscheiden, legt die Konkurrenz den Preis fest.

Entweder Sie unterscheiden sich durch das Anderssein oder Sie müssen in einem gnadenlosen Preis-Wettbewerb mitmachen. Konkurrenten, die über den Preis im Wettbewerb bleiben wollen, verlieren alle zusammen. Sie müssen Ihre Produkte bzw. ihre Arbeitskraft weit unter Wert verkaufen. Für Experten gilt dagegen: Die Menschen bitten Sie geradezu, ihr Geld zu nehmen.

Ergänzung zum 5. und 7. Positionierungs-Grundsatz

Achtung: Der 5. Grundsatz „besser spitz statt breit" und der 7. Grundsatz „Wählen Sie eine kleine Zielgruppe" gelten nicht immer zusammen. Manchmal gilt nur einer von beiden – je nach Geschäft und Branche. Ganz selten gelten beide nicht. Sie haben folgende mögliche Varianten:

1. Möglichkeit: Für einige Branchen und Geschäftsideen ist beides ideal: ein spitzes Angebot und eine kleine Zielgruppe. (Definition von Zielgruppe: Menschen mit gleichen Bedürfnissen, Problemen und Wünschen.) Bei der ersten Möglichkeit ist sowohl Ihr Angebot, als auch Ihre Zielgruppe spitz (d.h.: sehr klein).

2. Möglichkeit: Sie entscheiden sich nur für den 7. Grundsatz und bieten dann dieser kleinen Zielgruppe alles, was sie in einem bestimmten Gebiet benötigt und was zu Ihrer Positionierung passt. Sie sind dann nur in Bezug auf Ihre Zielgruppe spitz (kleine Zielgruppe).

3. Möglichkeit: Sie fokussieren sich auf den 5. Grundsatz, besetzen also ein kleines Spezialgebiet. Dann müssen Sie in vielen Branchen diese Leistung bzw. Produkte „allen" anbieten und somit den 7. Grundsatz aufgeben (Musik, Bücher, Filme ...)

Fazit: Limitieren Sie sich nicht unnötig, nur um den Positionierungs-Grundsätzen Genüge zu tun. Manchmal gilt: Je kleiner das Spezialangebot, desto größer *kann* die Zielgruppe sein; je kleiner die Zielgruppe ist, desto größer *kann* das Angebot sein. Beachten Sie aber die Vorteile der 1. Variante: Niemals aber werben sie leichter, billiger und effektiver als bei Möglichkeit 1.

Allgemein gilt: Die Positionierungs-Grundsätze sind Hilfen und keine unumstößlichen Gesetze, die für jede Branche und jedes Geschäft bedingungslos gelten. Ein Beispiel für mögliche Varianten haben Sie oben gesehen. Hier ein letztes Beispiel: Positionierungs-Grundsatz Nr. 1 kann durchaus differenziert zu sehen sein. Es gibt Branchen, in denen Qualität absolut betont werden kann und sollte. Aber dennoch bleibt eine Firma, die nur auf Qualität setzt, hinter einem Unternehmen zurück, das Qualität bietet und außerdem durch anders sein über ein Alleinstellungsmerkmal verfügt. Bevor Sie aber leichtfertig die Grundsätze in Frage stellen, denken Sie lieber „100mal" darüber nach, wie Sie Ihr Geschäft nach ihnen ausrichten können.

30 Gedanken rund um Positionierung

1. Warten Sie nicht, bis Sie die perfekte Strategie haben. Perfektion bedeutet Lähmung. Besser fehlerhaft begonnen als perfekt gezögert.

2. Versuchen Sie nicht, mit Ihrer Positionierung Menschen zu verändern. Sie können nur diejenigen für sich gewinnen, die ohnehin offen sind für das, was Sie anzubieten haben.

3. Bis auf wenige Ausnahmen gilt: Sie können nicht gegen einen Konzern gewinnen, der bereits eine stark etablierte Positionierung hat.

4. Die beste Positionierung ist im Allgemeinen im Zentrum eines Spektrums und nicht an dessen Rand. Wenn Sie sich auf ein Randgebiet oder eine sehr, sehr kleine Zielgruppe spezialisieren, müssen Sie sich Ihrer Sache sehr sicher sein und sich sehr gut vorbereiten.

5. Erfolgreiche Positionierungen positionieren sich nicht nur **für** etwas, sondern auch **gegen** etwas (z.B. Kampf gegen Drogen).

6. Sie können nicht gewinnen, ohne sich Feinde zu machen.

7. Versuchen Sie nicht, Ihre Kunden zu täuschen. (If it looks like a duck, if it walks like a duck, if it talks like a duck: it's a duck.)

8. Ein Experte ist jemand, der von anderen als Experte gesehen wird. Darüber entscheiden nicht andere Experten, sondern immer nur die Masse. Begehen Sie nicht den Fehler, zuerst die anderen Experten von Ihrer Leistung überzeugen zu wollen. Es gibt nur eins, was die anderen Experten überzeugen kann: Ihr Erfolg bei der Masse.

9. Berühmtheit und Bekanntheit ist ein Indikator für einen Expertenstatus.

10. Wir leben in einem Zeitalter der Skeptiker. Darum müssen Sie vermeiden:
    1) Übertreibung und Hype
    2) Jeglichen Verdacht der Manipulation
    3) Alle Unklarheiten in Bezug auf die Erwartungen
    4) Unrealistisch klingende Angebote
    5) Testimonials ohne Name (und Adresse …)
    6) Das Risiko dem Kunden zu überlassen (besser: Geld-zurück-Garantie)
    7) Jegliche „wischi-waschi"-Formulierung

11. Vertrauen wird letztendlich mehr Kunden anziehen als irgendetwas sonst. Die Vertrauens-Kaufschiene funktioniert wie folgt – und sollte immer in Ihre Positionierungsüberlegungen einbezogen werden:
Beständigkeit ➔ Vertrautheit ➔ Vertrauen ➔ Kauf

12. Entwickeln Sie eine Story und ein daraus resultierendes Wertebekenntnis. Das Wertebekenntnis muss zu Ihrer Person, Ihrem Unternehmen und zu Ihren Kunden optimal passen. Es gibt einen einfachen Test um festzustellen, ob Ihre Story etwas taugt: Fragen Sie sich, ob Ihre Story polarisiert. So lange sie dies nicht tut, haben Sie keine.

13. Ob Sie langfristig Erfolg haben oder nicht, entscheidet die Art und Weise, wie man über Sie und Ihr Unternehmen sprechen wird. Je klarer Ihre Positionierung, desto leichter kann man über Sie sprechen.

14. Die meisten Unternehmer weichen der Zielgruppenfrage aus. Sie ist aber essenziell aus folgenden Gründen:

1) Je gleichartiger die Zielgruppenprobleme sind, desto leichter können Sie eine überzeugende Leistung anbieten.
2) Kleinere Zielgruppen führen paradoxerweise oft zu höheren Stückzahlen und zu größeren Rationalisierungseffekten.
3) Kunden mit gleichartigen Problemen, Wünschen und Bedürfnissen kennen meist Menschen, die ähnliche Probleme, Wünsche und Bedürfnisse haben.
4) Je besser Sie die Eigenarten und Probleme Ihrer Zielgruppe kennen, desto erfolgreicher können Sie als Problemlöser auftreten und werden als solcher akzeptiert.
5) Ihre beste Zielgruppe ist diejenige, bei der Sie das größte Potenzial haben **Marktführer zu werden.**
6) Wer sich ständig anderen unterschiedlichen Problemen widmet, der kann nur Durchschnittsleistung bringen.
7) Je kleiner Ihre Zielgruppe ist, desto unrentabler ist sie für größere Mitbewerber.
8) Gleiche Probleme, Wünsche und Bedürfnisse, ermöglichen Ihnen eine echte Spitzenleistung.
9) Sie sollten Ihre Zielgruppe von Herzen mögen. Zum einen verspüren Sie mehr Spaß und Motivation und zum anderen wird Ihnen entsprechend mehr Vertrauen und Zuneigung von Ihren Kunden entgegengebracht.

10) Ihre Zielgruppe ist Ihr wichtigster Verbündeter und bester Berater. Denn im eigenen Interesse werden Ihre Kunden Sie nach Kräften unterstützen.

15. Sie müssen wissen, warum ein Kunde Sie weiterempfiehlt. Es ist ganz einfach: Zufriedene Kunden empfehlen Sie weiter. Sie dürfen aber nicht lediglich versuchen, Ihre Kunden zufrieden zu stellen. Das könnten Sie nur, wenn Sie deren Erwartungen kennen – was Ihnen niemals gelingen wird. Sie müssen also erreichen, dass Ihre Kunden von Ihnen begeistert sind. Das gelingt nur, wenn Sie deren Erwartungen **übertreffen**.

16. 68 % aller Kunden gehen weg, weil sie Gleichgültigkeit verspüren.

17. Ohne Beschwerde-Management zerstören Sie Ihre Positionierung. Der Grund: Gute Kundenerlebnisse werden dreimal weitererzählt, schlechte 33mal. Nur 4 % aller unzufriedenen Kunden beschweren sich, die übrigen 96 % verlieren Sie, ohne dagegen etwas tun zu können. Darum müssen Sie Ihre Kunden bewegen, sofort mit Ihnen zu sprechen, wenn sie einen Grund zur Beschwerde haben. Sie sollten sich tatsächlich über eine Beschwerde freuen, denn nie ist die Gelegenheit so groß, einen guten Stammkunden und Weiterempfehler zu gewinnen. Außerdem werden Sie nie einen besseren Unternehmensberater finden, als den Reklamierer.

18. Zum Grundsatz 8: Um die Probleme Ihrer Zielgruppe zu lösen, brauchen Sie Kooperationen. Ausschlaggebend für jede Kooperation und Partnerschaft sollte nicht der Sympathiefaktor sein. Entscheidend ist alleine, was Ihr größtes Kernproblem ist und wer Ihnen am besten helfen kann, dieses zu lösen.

19. 55 bis 70 % aller Reklamierer, die mehr als zufrieden gestellt wurden, werden zu Dauerkunden. Wird die Beschwerde schnell abgewickelt, sind es sogar 95 %.

20. Kraft ist gleich Druck geteilt durch Fläche. Das heißt: Je kleiner die Felder sind, auf die wir unsere Energie konzentrieren, umso größer ist die Wirkung. Das gilt für Ihre Firma aber auch für Sie: Wie groß ist „die Fläche" innerhalb Ihrer Firma, auf der Sie tätig sind?

21. Es gibt keine ethisch oder moralisch gerechtfertigten Preise: Der Preis richtet sich nach Angebot und Nachfrage. Derjenige, welcher der Erste ist, wird ein Vielfaches von dem verdienen, was die Zweiten und Dritten verdienen.

22. Der wichtigste Machtfaktor der Welt ist Zielgruppenbesitz.

23. Kunden, die felsenfest von der einmaligen Qualität und dem einmaligen Nutzen Ihres Angebots überzeugt sind, werden Sie gerne und voller Stolz an ihre besten Freunde empfehlen.

24. Führende Lernpsychologen sind sich darin einig, dass nur Ersteindrücke einen hohen Gedächtnishaftwert haben. Sie haben unser Überleben entwicklungsgeschichtlich gesichert. Jeder Erstkontakt mit einer Gefahrenquelle, die anschließend mit einer dauerhaften Warnung eingespeichert wurde, erhöhte unsere Lebenschancen. Heute gilt: Wer Erster ist im Kundenkopf, genießt einen gewaltigen Wettbewerbsvorteil. Es ist nicht wichtig, dass Sie der Erste mit einem neuen Produkt sind. Entscheidend ist, wem es als Erstem gelingt, dieses Produkt in den Köpfen seiner Kunden zu verankern.

25. Der Bekanntheitsgrad bewirkt die Expertenvermutung: Unser Gehirn ist leicht geneigt, von dem Bekanntheitsgrad eines Menschen vorschnell auf seinen Expertenstatus zu schließen.

26. Wenn es Ihnen gelingt, bei gleicher Leistung einen höheren Bekanntheitsgrad zu erzielen, haben Sie im Wettbewerb die Nase vorn.

27. Starkunden sind oft ein Sprungbrett zum eigenen Starstatus. Wer Stars betreut, dem unterstellt man den Expertenstatus.

28. Ich habe bereits im Vorwort darauf hingewiesen, dass meines Erachtens nicht jeder Unternehmer werden kann. Ebenso wenig kann jeder Experte für jedes Gebiet sein: Das jeweilige Expertenanforderungsprofil muss mit den jeweiligen Fähigkeiten zusammenpassen. Nur wenn das der Fall ist, lassen sich innerhalb von wenigen Monaten große Erfolge erzielen. Wenn es dagegen größere Differenzen gibt, scheitert auch das beste strategische Konzept. Bedenken Sie daher bei Ihrer Positionierung: Ihre Talente sollten mit dem Expertenanforderungsprofil übereinstimmen.

29. Für Ihre Positionierung ist das Ausbilden Ihrer Stärken wichtig. Indem Sie Schwachstellen abbauen, werden Sie niemals zu einem Top-Performer. Das Abstellen von Schwächen führt deshalb nicht automatisch zum Aufbau einer Stärke, weil Stärken ihre eigenen Muster haben.

30. Für Ihre Positionierung ist es allerdings wichtig, die Fähigkeit auszubilden, erfolgreich um Ihre Schwächen herum zu managen.

Der Leitfaden zu Ihrer Positionierung

Natürlich ist jeder von uns verschieden und unsere Lebensumstände sind unterschiedlich. Dennoch gelten für uns alle bestimmte Grundsätze und Spielregeln, wenn wir mehr verdienen wollen und Erfüllung suchen.

1. Finden Sie heraus, was Ihnen Spaß macht, Ihren Talenten entspricht und Sie „besonders" und „anders" macht.

2. Erkennen Sie, was Sie motiviert und, wenn möglich, entwickeln Sie eine Lebensvision.

3. Sollten Sie angestellt sein, so überlegen Sie, ob Sie sich als Angestellter positionieren oder ob Sie sich selbstständig machen wollen. Beides ist möglich. Aber treffen Sie eine Entscheidung (die Sie alle paar Jahre erneut treffen sollten).

4. Nehmen Sie sich täglich Zeit, um eine Positionierung zu finden. Orientieren Sie sich dabei an den 10 Grundsätzen.

5. Wenn Sie eine Positionierung haben, so arbeiten Sie täglich mindestens eine Stunde daran.

Neun Fragen zum Finden und Aufbauen Ihrer persönlichen Position

Nicht Schwächen abzubauen macht reich, sondern Stärken auszubauen. Jeder Mensch, der zuerst auf seine Schwächen schaut, wird arm bleiben. Für die Schwächen müssen Sie Lösungen finden, für die Stärken einen Coach.

Ihre Position sollte getragen sein von etwas, das

- Sie lieben (Spaß)
- Sie können (Talent)
- anderen Menschen von Nutzen ist (ein Problem lösen)

Es geht also bei der Positionierung in erster Linie darum, Ihren wirklichen Lebenssinn zu finden. Sich in einem Gebiet zu positionieren, dem nicht Ihre ganze Leidenschaft gilt, heißt, nur schneller an ein falsches Ziel zu kommen.

Die nachfolgenden Fragen unterstützen Sie dabei, Ihre persönliche Position zu finden. Sie sollten die Fragen in regelmäßigen Abständen erneut beantworten, um zu überprüfen, ob Sie immer noch auf das richtige Ziel zusteuern.

Wenn Ihnen beim Beantworten der Fragen Punkte einfallen, die Sie sofort umsetzen möchten, notieren Sie diese in der To-do-Liste am Ende des Kapitels.

1. Lieben Sie das, was Sie tun? (Seien Sie ehrlich – die Frage ist nicht, ob das, was Sie tun, zufrieden stellend ist.) Wenn nicht, was würden Sie lieben zu tun?

    _____
    _____
    _____
    _____

2. Wenn Sie sicher wären, dass Sie nicht scheitern könnten – was würden Sie tun?

    _____
    _____
    _____
    _____
    _____
    _____

3. Sind Sie in dem, was Sie tun, talentiert? Wenn nicht, wo liegen Ihre Talente?

    _____
    _____
    _____

a) Talente sind nicht geniale Wesenszüge. Können Sie sich noch erinnern, was Talente wirklich sind? Bitte notieren Sie die Definition von Talenten (siehe Vorwort).

_____

_____

_____

b) Nehmen Sie eine Talent-Analyse vor, z.B. mit dem Buch über das Gallup-Prinzip („Entdecken Sie Ihre Stärken jetzt" von M. Buckingham und D. Clifton).

⊃ Talentanalyse vornehmen

c) Erwägen Sie, falls noch nicht geschehen, den Erwerb meines DVD-Seminares „Mut zum Glücklichsein"
(Info unter www.rsi-bookshop.de, Tel: 0700 / 346 947 366).

⊃ Informieren und erwerben

d) Folgende fünf Fragen können Ihnen helfen, Ihre Talente aufzuspüren:

Was entspricht Ihren spontanen Reaktionen – z.B. in einer Notsituation?

_____

_____

_____

Wovon träumen Sie? Wenn Sie alles Geld und alle Zeit dieser Welt hätten – was würden Sie tun?

_____

_____

Welche Dinge lernen Sie am schnellsten?

Was erfüllt Sie mit Leidenschaft?

Wenn Sie viele Dinge zu erledigen haben – welche Aufgabe nehmen Sie sich als erste vor, weil sie Ihnen am meisten Spaß macht?

4. Wie können Sie die Probleme anderer Menschen mit Ihren Talenten lösen?

5. Was sind Ihre Schwächen? Welche Lösungen finden Sie für Ihre Schwächen?

a) ignorieren (wenn es Ihrem Ziel nicht entgegensteht)

b) Lösung finden (z.B. Buchhalter einstellen)

c) trainieren (z.B. Fremdsprache oder Rhetorik)

d) in Stärke umwandeln (ein Fantast wird Schauspieler ...)

6. Wer kann Sie bei Ihren Stärken „coachen"?

7. Wer möchten Sie in fünf Jahren <u>sein</u>?

8. Was möchten Sie in fünf Jahren <u>tun</u>?

9. Was möchten Sie in fünf Jahren <u>haben</u>?

To-do-Liste

Notieren Sie hier Ihre persönlichen Lehren, die Sie aus Ihren Antworten gezogen haben, und erstellen Sie eine To-do-Liste mit den Punkten, die Sie innerhalb von 72 Stunden beginnen möchten.

Lehren:

_____

_____

_____

_____

_____

_____

_____

_____

To do:

_____

_____

_____

_____

_____

_____

_____

_____

Teil 2:
25 Fragen zur Analyse Ihrer jetzigen Position

Bevor Sie sich mit Ihrer beruflichen bzw. geschäftlichen Neupositionierung beschäftigen, sollten Sie zuerst offen und ehrlich Ihre jetzige Positionierung analysieren. Beantworten Sie die nachfolgenden 25 Fragen so ausführlich wie möglich, um ein klares Bild davon zu erhalten, wo Sie und Ihr Unternehmen im Moment stehen. Auch wenn Sie schon eine Vorstellung über Ihre aktuelle Positionierung haben, werden Sie beim Beantworten der Fragen Ihr Unternehmen, Ihr Produkt, Ihre Konkurrenten und Ihre Kunden noch genauer kennen lernen.

Alle sich aus der Beantwortung der Fragen ergebenden auszuführenden Punkte notieren Sie wieder in der To-do-Liste am Ende von Teil 2.

1. Beschreiben Sie in <u>einem</u> Satz Ihre jetzige Position. Was ist Ihr Produkt oder Ihr Service, das/den Sie anbieten (oder planen anzubieten)?

   _____
   _____
   _____
   _____

2. Was sind die Vorteile Ihres Produktes bzw. Ihrer Dienstleistung? Warum sollte jemand bei Ihnen kaufen?

   _____
   _____
   _____
   _____

3. Was ist exakt Ihre Zielgruppe? Beschreiben Sie ihr Alter, Einkommen, wo sie leben, ihre Freizeitbeschäftigungen, die Magazine, die sie lesen, Orte an die sie fahren, Autos die sie fahren usw.

___

___

___

___

___

___

___

___

4. Wer konkurriert um Ihre Kunden? (Achtung: das betrifft längst nicht nur Mitbewerber in Ihrer Branche!)

___

___

___

___

5. Was ist Ihr Hauptvorteil? Fragen Sie sich „Was hat mein Kunde davon?".

___

___

___

___

6. Was ist der Vorteil des Vorteils? Wie unterscheiden Sie sich dadurch von Ihren Mitbewerbern? Was hat der Kunde von diesem Vorteil?

---

7. Warum sollten Menschen bei Ihnen kaufen?

---

8. Welche Hürden haben Sie aufgestellt, die Ihre Mitbewerber daran hindern, Ihren Marktanteil einzunehmen?

---

9. Verfügen Sie über ausreichend Einfallsreichtum und Arbeitskraft, um mit einem wachsenden Bedarf fertig zu werden?

---

10. Schreiben Sie Ihr Mission Statement auf (ein bis fünf Sätze, die Ihren Kunden Ihre Vorteile kommunizieren).

_____

_____

_____

_____

11. Schreiben Sie Ihren Firmennamen auf. Analysieren Sie ihn daraufhin, welchen Vorteil er kommuniziert und was er über Ihre Position aussagt.

    Firmenname: _____

_____

_____

_____

_____

12. Nutzen Sie letztendlich 30% Ihrer täglichen Arbeitszeit, um sich selbst zu positionieren?

    ❑ Ja   ❑ Nein

    Was hindert Sie daran?

_____

_____

_____

_____

13. Kennen Sie Ihren LCV (Life Customer Value)? D.h., wissen Sie, wie viel Umsatz Ihnen ein Kunde während seiner gesamten Geschäftsbeziehung mit Ihnen durchschnittlich bringt?

14. Testen Sie konkret? Schreiben Sie Ergebnisse präzise auf?

15. Welche spezifischen Probleme lösen Sie für Ihre Kunden?

16. Sprechen Sie regelmäßig mit Ihren Kunden? Wie?

17. Was ist Ihr USP? (= unique selling proposition, der einzigartige Grund, warum ein Kunde bei Ihnen kaufen sollte)

18. Besitzen Sie eine Kunden-Datei in Form einer Datenbank? Wie weit ist sie bisher entwickelt?

19. Probieren Sie regelmäßig neue Marketingmethoden aus? Welche?

20. Beschreiben Sie ausführlich Ihren wahrscheinlichsten Kunden:

a) <u>Was</u> würden diese Kunden am liebsten über Ihr Produkt hören?

b) <u>Wo</u> würden sie am liebsten etwas über Ihr Produkt hören?

c) <u>Wie</u> würden sie am liebsten etwas über Ihr Produkt hören?

21. Was ist Ihre Speerspitze (= ein einzelnes Produkt , meist mit besonders niedrigem Preis)?

22. Was ist Ihre Upselling-Methode, d.h., wie können Sie weitere Produkte „hinterherschieben"?

_____
_____
_____

23. Wie groß ist Ihr Wissen über die folgenden Punkte und wie können sie es bei Bedarf verbessern?

   a. Das Entwickeln von unwiderstehlichen Angeboten?

   _____
   _____
   _____

   b. Das Schreiben einer guten Copy (Werbetext)?

   _____
   _____
   _____

   c. Über Direktmailing?

   _____
   _____
   _____

   d. Über Werbung?

   _____
   _____
   _____

e. Über Marketing im Allgemeinen?

24. Bedienen Sie sich der Hilfe von Marketing-Experten? Haben Sie einen eingestellt?

25. Zeit für Ihr Fazit. Nehmen Sie eine ganzheitliche Überprüfung vor: Wie gut ist Ihre Positionierung? Wie gut verkaufen Sie Ihre Position?

To-do-Liste

Notieren Sie hier Ihre persönlichen Lehren, die Sie aus den Fragen dieses Teils gezogen haben und erstellen Sie eine To-do-Liste mit den Punkten, die Sie innerhalb von 72 Stunden beginnen möchten.

Lehren:

_____
_____
_____
_____
_____
_____
_____

To do:

_____
_____
_____
_____
_____
_____
_____

Teil 3:
Aufbau und Stärkung Ihrer Position

Sich für eine berufliche bzw. geschäftliche Position zu entscheiden, ist eine Sache, die Position aufzubauen und zu stärken, ist die zweite Herausforderung. Die nachfolgende Checkliste hilft Ihnen bei Ihren Überlegungen und wird Ihnen viele neuen Ideen bescheren. Beantworten Sie diese 111 + 11 Fragen in regelmäßigen Abständen neu, um zu prüfen, ob Sie auf dem richtigen Weg sind. Die Hintergründe zu den Fragen finden Sie in Teil 1 und 2 erklärt.

Dabei sollen Ihnen die Fragen zum einen Wege weisen; zum anderen sollen sie Hilfestellung bieten, neue Ideen zu entwickeln. Viele Menschen glauben, das einfach nicht zu können. Ich glaube, ihnen fehlt lediglich die Übung darin.

Es ist ein Mythos anzunehmen, einige von uns wären von Geburt an mit der Gabe gesegnet, ständig geniale Ideen zu produzieren. In Wahrheit ist das Ideen-Finden lediglich harte Arbeit. Für viele ist es einfach bequemer zu sagen: „Mir fallen keine genialen Dinge ein ..." – so brauchen sie sich nicht die Mühe zu machen und haben eine Entschuldigung.

Wie entstehen Ideen?

Um eine Idee zu entwickeln, müssen Sie meist vier Stadien durchlaufen – und das geht in den wenigsten Fällen schnell. Oft dauert es sogar ziemlich lange. Selbst die genialsten Erfinder haben oft viele Jahre benötigt, um eine bahnbrechende Erfindung zu machen. Sie haben Hunderte von Versuchen gemacht. Das war eher harte Arbeit als ein „Geistesblitz". Die vier Stadien lauten:

1. Vorbereitung. Sie benennen ein Problem, das Sie lösen wollen. Dazu sammeln Sie so viel Information wie möglich. Sie notieren Daten und befragen andere Menschen. Ihr Gehirn beginnt immer intensiver nach Lösungen zu suchen.

2. Vergleichen. Überlegen Sie, welche Ideen anderer Leute Sie adaptieren können. Paul Simon verriet, wie er zu der Inspiration seines berühmten Liedes „Bridge over Troubled Water" gekommen ist: „Ich habe zwei Melodien im Kopf gehabt. Einen Choral von Bach und einen Gospel von Swan Silverstones – und die habe ich zusammengefügt." Dale Carnegie sagte, wie sein Buch „Wie man Freunde gewinnt" zustande gekommen ist: „Die Ideen in diesem Buch sind nicht meine eigenen. Ich habe sie von Sokrates, Chesterfield und Jesus geklaut – und sie dann in einem Buch zusammengefasst." Dieses Buch ist ca. 40 Millionen Mal gekauft worden.

3. Ausbrüten. Teile Ihres Gehirns befassen sich Tag und Nacht mit dem Problem. Sie vergleichen Lösungen, Sie tauschen Teile von Lösungen aus, Sie bestimmen Teilergebnisse und notieren sie. Langsam, ganz langsam beginnt sich ein Bild zu formen.

4. Erleuchtung. Plötzlich taucht eine Idee auf – wie aus dem Nichts. Das kann bei einem Spaziergang oder während eines Nickerchens geschehen. Wenn Sie ein Profi im Ideen-Finden geworden sind, dann haben Sie immer ein Stück Papier bei sich, um die Idee sofort zu notieren.

Michelangelo sagte: „Wenn die Leute wüssten, wie lange ich für meine Spitzenleistungen gearbeitet habe, würde es ihnen nicht mehr so wunderbar vorkommen."

Power-Tipp

Werden Sie Experte darin, Ideen zu entwickeln.

➲ Notieren Sie das Problem, zu dem Sie eine Lösung finden wollen.

➲ Machen Sie es sich zur Gewohnheit, auf neue und interessante Ideen zu achten, die andere mit Erfolg angewendet haben.

➲ Die einfachste Art der Problemlösung ist, eine Idee in abgewandelter Form von jemand anderem zu übernehmen.

➲ Werden Sie zu einem Sammler von Ideen. Führen Sie ein Ideen-Journal.

➲ Gehen Sie dahin, wo die Besten auf Ihrem Gebiet sind, um sich Ideen abzuschauen: Wenn Sie Börsenmakler sind, gehen Sie an die Wall Street, als Surfer nach Hawaii, als Uhrmacher in die Schweiz. Lernen Sie, indem sie denen einen Job suchen, die es bereits können.

➲ Überlegen Sie, welche der folgenden Methoden Sie mit bestehenden Ideen anwenden können:

1) Können Sie einige Bestandteile der Idee <u>austauschen</u> oder <u>ersetzen</u>?

2) Können Sie etwas <u>zusammenfügen</u>? (Zum Beispiel zwei Ideen)

3) Können Sie etwas <u>verändern</u> und <u>adaptieren</u>?

4) Können Sie eine Idee <u>auf ein anderes Gebiet übertragen</u>?

5) Können Sie etwas <u>umdrehen</u>?

➲ Machen Sie es sich zur Gewohnheit, kurz vor dem Einschlafen, an Ihr Problem zu denken. Sie beauftragen so gewissermaßen Ihr Unterbewusstsein, sich mit der Lösung zu befassen – während Sie schlafen.

➲ Tragen Sie immer ein Stück Papier bei sich.

111 + 11 Fragen, um Ihre Position aufzubauen und zu stärken

0. Die wichtigste Frage vorweg: Wie können Sie sicherstellen, alle Fragen zu beantworten – und wieder vorne anzufangen, wenn Sie fertig sind?

    a) Wann werden Sie sich regelmäßig eine störungsfreie Zeit dafür blocken?

    b) Wer kann mit Ihnen denken?

1. Was sind die Vorteile Ihres Produktes bzw. Ihrer Dienstleistung? Warum sollte jemand bei Ihnen kaufen?

2. Können Sie in einem Satz formulieren, warum jemand bei Ihnen kaufen sollte?

3. Warum kaufen die Leute <u>nicht</u> bei Ihnen?

4. Wer sind Ihre Konkurrenten? Und wer sind Ihre 3 erfolgreichsten Konkurrenten? (Achtung: Schauen Sie über Landesgrenzen hinaus ...)

5. Wie kommen Ihre Konkurrenten zu ihren Kunden? Speziell: Wie kommen Ihre 3 erfolgreichsten Konkurrenten zu ihren Kunden?

6. Was sind die wichtigsten Unterschiede von Ihnen zu Ihren Mitbewerbern? Was macht Sie anders?

_____

_____

_____

_____

_____

7. Was ist Ihr einzigartiger, wichtigster Vorteil? (Achtung: Hier sind Vorteile angesprochen – nicht Merkmale. Merkmale zählen Eigenschaften auf. Vorteile erklären, was der Kunde von diesen Eigenschaften hat – den Nutzen.)

_____

_____

_____

_____

_____

8. Was ist der Nutzen des Nutzens? Was ist der Vorteil des Vorteils? (Nutzen: Was hat der Kunde davon? Nutzen des Nutzens: Und was hat der Kunde davon – von dem Nutzen?)

_____

_____

_____

_____

9. Was halten Ihre Kunden für den Hauptvorteil?

10. Wann haben Sie das zum letzten Mal mit einem Ihrer Kunden besprochen? Wie können Sie jetzt 2 bis 3 Termine mit guten Kunden legen?

11. Was ist Ihrer Meinung nach Ihre größte persönliche Stärke?

12. Was ist, in den Augen Ihrer Kunden, Ihre größte Stärke? Woher wissen Sie das?

13. Was war (konkret!) der wichtigste Grund Ihrer besten Kunden, sich an Sie zu wenden? (Haben Sie das schriftlich?)

_____
_____
_____
_____

14. Warum bleiben Ihre Kunden bei Ihnen? Warum genau?

_____
_____
_____

15. Warum bleiben Ihre Kunden nicht bei Ihnen? Können Sie etwas daran ändern? Wollen Sie etwas daran ändern?

_____
_____
_____
_____

16. Was tun Sie, obwohl es nicht zu Ihrer persönlichen Stärke gehört?

_____
_____
_____
_____

17. Welche Lösungen gibt es für die evtl. Aufzählung unter Frage 16?

18. Sind Sie sicher, dass Sie keine Angst vor großem Erfolg haben? (Jede Art von Erfolg hat seinen Preis.)

19. Haben Sie genügend Ideen und Arbeitskraft, um einen wachsenden Bedarf zu bewältigen? Bitte listen Sie sie auf:

20. Stellen Sie Schlüsselpersonen erst ein, wenn Sie diese dringend brauchen (zu spät)? Oder (lange) bevor Sie diese brauchen – um sie schneller zu brauchen?

21. Antworten Sie spontan: Mit welchen Kunden erzielen Sie die besten Ergebnisse?

22. Warum kaufen diese Kunden bei Ihnen und nicht bei anderen?

23. Wer könnte Sie an Kunden weiterempfehlen?

24. Haben Sie eine Kollektion von schriftlichen Testimonials (= schriftliches Lob Ihrer Kunden)? Wer kann Ihnen mit professionellen Referenzen dienen? Wen könnten Sie beauftragen, diese Sammlung zu erstellen?

_____

_____

_____

_____

_____

25. Wer hat ein erfolgreiches und positives Verhältnis mit den Kunden, die Sie gerne hätten?

_____

_____

_____

_____

_____

26. Wen kennen Sie, der Leute kennt, die Sie gerne kennen würden?

_____

_____

_____

_____

_____

27. Wer könnte sofort 100 Personen im ganzen Land anrufen oder auf andere Art erreichen, um für Sie zu werben?

Wer 1.000?

Wer 10.000?

Wer 100.000?

Wer 1 Million?

28. Wer könnte sofort 100 Mitarbeiter daran setzen, für Sie zu werben? Wer 1000? ...

29. Wer könnte Ihre optimalen Kunden erreichen?

30. Aus Ihrer Sicht: Welche Kunden mögen Sie am meisten? Mit welchen erzielen Sie die besten Ergebnisse?

31. Aus der Sicht Ihrer Kunden: Welche Zielgruppe mag Sie am besten leiden? Bei wem kommen Sie (Ihre Leistung, Produkte ...) am besten an? (Definition für Zielgruppe: Menschen mit gleichen Problemen, Bedürfnissen und Wünschen.)

32. Was ist Ihr Zielmarkt? (Je mehr Sie über Ihren idealen Kunden wissen, desto eher wird er Ihr Kunde).

    a. Welche Magazine lesen Ihre Kunden?

    b. Wie alt sind sie?

    c. Welche Berufe üben sie aus?

    d. Über welches Einkommen verfügen sie?

    e. Welchen Organisationen gehören sie an?

f. Welche Autos fahren sie?

g. Welche Radiosender hören sie?

h. Welche TV-Sendungen sehen sie?

i. Auf welchen Mailing-Listen würden sie vertreten sein?

j. Wenn sie Geschäftsleute sind: Wer sind ihre Lieferanten und wer ihre Kunden?

k. Was sind ihre größten Probleme/Frustrationen?

l. Was sind ihre größten Ambitionen und Träume?

m. Wem vertrauen sie?

n. Welche Probleme lösen Ihre Produkte in ihrem Leben?

o. Wer braucht Ihr Produkt wahrscheinlich am meisten?

p. Zusammenfassend: Wer genau ist Ihre Zielgruppe?

33. Haben Sie Ihre Kunden befragt, wie Sie am besten werben sollten und könnten?

   a) <u>Wo</u> würden Ihre Kunden gerne etwas über Ihr Produkt hören?

   b) <u>Was</u> würden Ihre Kunden gerne über Ihr Produkt hören?

   c) <u>Wie</u> würden Ihre Kunden am liebsten etwas über Ihr Produkt hören?

d) <u>Wie oft</u> würden Ihre Kunden gerne etwas über Ihr Produkt hören?

34. Ihre Kunden kennen sich selbst am besten. Und sie sind Ihre besten Unternehmensberater. Nutzen Sie Ihre Kunden. Stellen Sie Ihnen intelligente Fragen:

   a. Wie würden Sie Kunden gewinnen?

   b. Wie würden Sie die Vorteile hervorheben?

   c. Wie würden Sie die Angebote verbessern, wo ist der schwächste Punkt?

d. Welche Nutzen sind die stärksten?

e. Welcher Vorteil berührt Sie am stärksten? Wo sehen Sie den Vorteil des Vorteils (erklären: Was erreichen Sie letztlich durch die Nutzung ...)?

35. Welche Verkäufer bzw. Verkaufsorganisationen bedienen zurzeit Ihre Zielgruppe?

36. Wie können Sie Ihr Mission Statement verbessern?

1. Schritt: Notieren Sie Ihr Mission Statement in maximal fünf Sätzen (gut!)

___

___

___

___

___

2. Schritt: Notieren Sie das Gleiche in maximal ein bis zwei Sätzen. Denken Sie nur an den Nutzen (schon besser!).

___

___

___

___

___

3. Schritt: Formulieren Sie das Gleiche in maximal 7 Worten (Positionierungs-Experte, herzlichen Glückwunsch!).

___

___

___

___

___

37. Kennt jeder innerhalb Ihres Unternehmens Ihr Mission Statement?
   a) Wo hängt es überall?

   b) Wer kann es auswendig?

   c) Was halten Ihre Mitarbeiter davon?

   d) Wie stellen Sie sicher, dass es jeder behält und lebt?

   e) Wie stellen Sie sicher, dass Ihre Kunden es ständig lesen?

38. Welche Art von Beziehungen haben Sie zu Medien, Journalisten, Datenbanken usw.?

___

___

___

___

___

39. Wie können Sie regelmäßig in die Medien kommen, die Ihre Zielgruppe erreichen?

___

___

___

___

___

40. Haben Sie eine Story? Wie lautet Ihre Story?

___

___

___

___

___

41. Polarisiert Ihre Story (sonst haben Sie keine!). Wie sehen die beiden Pole aus?

42. Was sind die häufigsten Argumente gegen Sie und Ihre Leistung (negativer Pol)?

43. Was können Sie dem negativen Pol erwidern? (Sie können nicht verändern; aber sehr wohl Unentschlossene zum positiven Pol bewegen)

44. Haben Sie einen „Plan B" – für den Fall eines massiven Angriffs gegen Sie?"

45. Wen könnten Sie angreifen, um auf sich selbst und Ihre Leistung aufmerksam zu machen (Man kann ein solches Vorgehen ablehnen ...)

46. Welcher Nicht-Konkurrent könnte Ihnen seine Datenbank anbieten? Welche Probleme haben diese Geschäftsleute?

47. Was können Sie im Ausgleich dem anderen anbieten?

___

48. Welcher Adressenverleih kann Informationen über Ihr Produkt bzw. über Ihre Dienstleistung verschicken oder beilegen?

___

49. Welche Kongresse, Besprechungen und andere speziellen Ereignisse können Sie für sich nutzen?

___

50. Welche Schwachstellen hat Ihre Firma? Welche Probleme haben Ihre Kunden, die Sie nicht lösen können, weil Sie selbst Schwachstellen haben?

___

51. Mit wem könnten Sie kooperieren? Wer hilft Ihnen, Probleme zu lösen (Flaschenhälse), indem er Sie ergänzt?

___

52. Welche Ihrer Zielgruppen hat ihr eigenes Informationsmedium?

___

53. Können bzw. sollten Sie Ihren Namen verbessern?

54. Können Sie Ihren USP verbessern?

55. Testen Sie Ihre Angebote und führen Sie konstant Buch darüber? (Listen, Preise, Speerspitze, Freiangebote, Zusätze, Namen, Garantien, Gestaltung, Farbe usw.)

56. Kennen Sie Ihr LCV (Life Customer Value)? Wie können Sie es erweitern?

57. Wie können Sie Ihre Kundendatei (=Hausliste) vergrößern?

58. Wie können Sie Ihre erweiterte Hausliste vergrößern (Hausliste zzgl. Empfehlungen und Interessenten)?

59. Wie können Sie Ihre Kunden schneller bedienen?

60. Wie können Sie mehr Information schneller verwalten?

61. Wie können Sie für alle wichtigen Abläufe Ihrer Firma SOPs schaffen? (Standard Operating Procedures beschreiben alle systematisierten Arbeitsabläufe.)

62. Ist Ihre Positionierung klar und deutlich ausformuliert in Ihrem SOP?

63. Sind Ihre Ideen so systematisiert, dass Sie jederzeit eine Filiale eröffnen könnten? Funktioniert Ihre Firma unabhängig von Ihnen?

64. Sind die Positionierungs- und Marketing-Aktivitäten klar beschrieben? Könnte Ihr Marketing-Chef und die gesamte Marketing-Abteilung morgen ausfallen und ein Nachfolger sich dennoch mithilfe des SOPs sehr schnell selbst einarbeiten?

65. Wie viel Zeit und Geld investieren Sie ins Internet?

66. Wird Ihre Homepage täglich bzw. wöchentlich aktualisiert?

67. Was können Sie tun, um zu erreichen, dass Ihre Kunden Ihre Homepage täglich, wöchentlich oder aber in anderen regelmäßigen Abständen besuchen?

68. Was ist Ihre Speerspitze?

69. Wie nimmt man Sie wahr, wenn man Sie und Ihre Leistung noch nicht kennt? (Sind Sie mit der Wahrnehmung zufrieden?)

70. Was ist Ihr Up-Selling System? Wie können Sie es verbessern?

71. Wer kann Ihr Produkt in großen Mengen kaufen? Lohnt sich das für Sie – oder müssen Sie Rabatte einräumen, die es für Sie uninteressant machen?

72. Können Sie die folgenden Möglichkeiten nutzen, um attraktive Angebote zu machen:

   a. Boni

   b. Garantien

   c. Freiexemplare

   d. Tombolas

   e. Frei-Kassetten/CDs

f. Kostenlose Broschüren

_____
_____
_____

g. Partie-Exemplare (1 umsonst bei Kauf der angebotenen Menge, z.B. 11/10)

_____
_____

h. Freiexemplare für ausgewählte Personen?

_____
_____
_____

i. Standing Order (automatische Zusendung jedes neuen Produkts)

_____
_____
_____

j. Abonnement

_____
_____

k. Ein Anreiz für Empfehlungen

_____
_____
_____

73. Wie hoch ist Ihr Marketingbudget? (Minimum: 5-10% Ihres Umsatzes)

74. Wie können Sie Ihre Position als Experte aufbauen und ausbauen?

75. Wie spricht man über Sie/Ihr Produkt/Ihren Service? Wie können Sie diese allgemeine Wahrnehmung verbessern?

76. Welche Leistung Ihrer Firma können Sie heute konkret verbessern?

77. Welche Kunden empfehlen Sie weiter? Welche Gemeinsamkeit haben diese Kunden?

78. Welcher Zielgruppe können Sie den größten Nutzen bieten? Welche Zielgruppe benötigt Ihre Leistung am dringendsten?

79. Welche Zielgruppen kommen generell für Ihr Angebot in Frage?

80. Können Sie sich auf ein größeres Problem (oder dringenderes) Ihrer Kunden spezialisieren? (Es gilt: Je größer das Problem, desto größer die Akzeptanz von Lösung und Experte.)

81. Was hält Ihre Zielgruppe für die ideale Leistung? Woher wissen Sie das genau? Ist Ihr Wissen aktuell?

82. Worin können Sie:

a) Erster sein?

b) eine neue Kategorie eröffnen?

c) anders sein?

d) außergewöhnlich sein?

e) Welche konkreten Lösungsansätze/Verbesserungs-Ansätze haben Sie bereits?

f) Was hindert Sie an der Umsetzung?

g) Was können Sie <u>heute konkret</u> tun?

_____

_____

83. Haben Sie sich einmal die Mühe gemacht, Ihre Vision von Ihrer perfekten Leistung auf Papier zu bringen? Wann werden Sie das ausführlich tun?

_____

_____

_____

_____

84. Warum können Sie diese Vision im Moment nicht umsetzen? Was ist Ihr momentanes Kernproblem? Wie könnten Sie dieses Problem lösen?

_____

_____

_____

_____

85. Wissen Sie, warum Kunden zu Ihnen kommen? Wie sind sie auf Sie aufmerksam geworden? Führen Sie Buch darüber?

_____

_____

_____

_____

86. Was können Sie tun, um ähnliche Kunden auf die gleiche Weise zu gewinnen?

_____
_____
_____
_____

87. Welche Erwartungen haben Menschen generell in Bezug auf Ihre Branche?

_____
_____
_____
_____

88. Haben Sie ein etabliertes Verfahren (z.B. Fragenbogen) um zu erfahren, warum ein Kunde zu Ihnen kommt? Aufgrund welcher Erwartungen?

_____
_____
_____
_____

89. Haben Sie ein Empfehlungs-System? Ist es systematisiert?

_____
_____
_____
_____

90. Welche Anreize geben Sie, weitere Empfehlungen zu bekommen?

91. Wissen Sie, wie und warum Empfehlungs-Marketing funktioniert?

92. Wissen Sie, welche Erwartungen Kunden haben, wenn sie zu Ihnen kommen?

93. Was tun Sie, um die Erwartungen Ihrer Kunden zu übertreffen?

a) allgemein?

b) bei der Auftragsannahme?

c) bei der Auftragsabwicklung?

d) nach der Auftragsabwicklung?

94. Wie können Sie Ihren Kunden immer wieder aufs Neue beweisen, dass sie Ihnen am Herzen liegen? (Der Hauptgrund, warum Sie Kunden verlieren ist, dass diese sich „gleichgültig behandelt" vorkommen.)

95. Haben Sie eine Beschwerde-Willkommen-Botschaft verbreitet?

96. Weiß Ihr Kunde

   a) dass Sie unverzüglich von der Beschwerde hören wollen – und das liebend gerne und als oberste Priorität? Wie haben Sie das kommuniziert?

   b) wo er sich beschweren kann? Wie ist das kommuniziert?

   c) wie er sich beschweren kann? Wie ist das kommuniziert?

97. Wie können Sie vermeiden, falsche Erwartungen zu wecken?

98. Wer ist in Ihrem Unternehmen für die Abwicklung von Beschwerden zuständig?

99. Haben Sie ein Wiedergutmachungs-Paket? (Um die Erwartungen der sich Beschwerenden zu übertreffen.) Wie sieht es aus?

100. Fragen Sie regelmäßig bei Absagen: „Wie müsste mein Angebot aussehen, damit Sie es annehmen?" Welche Erkenntnisse haben Sie daraus gewonnen?

101. Ist die Frage 100 bei allen Ihren Mitarbeitern fest systematisiert? Wie ist die Auswertung der Antworten und der diesbezügliche Informationsfluss gesichert?

102. Welche Personen haben das uneingeschränkte Vertrauen Ihrer idealen Zielgruppe?

103. Welches Problem können Sie mithilfe anderer Menschen lösen?

_____
_____
_____
_____

104. Wie sieht Ihr idealer Problemlöser (für das bestimmte Problem) aus?

a) Welche Eigenschaften sollte er haben?

_____
_____
_____

b) Welche Möglichkeiten?

_____
_____
_____

c) Welche Talente?

_____
_____
_____

d) Welche Beziehungen?

_____
_____
_____

105. Wer kommt in Betracht, diese Person für Sie zu finden?

106. Wie können Sie erreichen, dass Ihre Zielgruppe (noch) mehr Vertrauen zu Ihnen fasst?

107. Von welchen Kunden haben Sie bisher Empfehlungen empfangen?

108. Wie können Sie dafür sorgen, von ihnen noch mehr Empfehlungen zu erhalten?

109. Zu wem möchten/sollten Sie eine Beziehung aufbauen?

   a) Welche Person würde Ihre Position verstärken?

   b) Wie können Sie diese Person kennen lernen?

   c) Wer kann Ihnen dabei helfen?

   d) Welchen Nutzen können Sie bieten

   ... dem, mit dem Sie eine Beziehung aufbauen wollen?

... demjenigen, der den Kontakt herstellt?

e) Was hat Sie in der Vergangenheit daran gehindert, Kontakt aufzunehmen?

f) Was hindert Sie jetzt daran?

g) Wie können Sie dieses Hindernis beseitigen?

110. Wie können Sie Ihre Kunden enger an sich binden? Welche Plattform können Sie Ihnen bieten?

111. Fragen Sie nicht nur den Kunden, wer Sie empfohlen hat. Fragen Sie gezielt: „Speziell für welche Leistung hat Frau X Sie uns empfohlen?" Welche Antworten erhalten Sie? (Sie erfahren so, was für Ihre Kunden wirklich zählt und was für sie wirklich empfehlenswert ist.)

111+1. Welches Grundbedürfnis Ihrer Kunden befriedigen Sie?

111+2. Bedienen Sie sich dabei aller bestmöglichen Verfahren?

111+3. Welche neuen Verfahren gibt es in anderen Branchen? Können Sie solche Neuheiten auf Ihre Branche übertragen?

111+4. Wie können Sie Star-Kunden gewinnen?

111+5. Wie sieht Ihr optimaler Kunde aus?

111+6. Wie müsste Ihr Unternehmen aussehen, um solche „optimalen Kunden" anzuziehen?

_____
_____
_____
_____
_____

111+7. Was können Sie jetzt sofort konkret tun, um diese Idee umzusetzen?

_____
_____
_____
_____
_____

111+8. Wie können Sie erreichen, dass mehr über Sie gesprochen wird? Wie erhöhen Sie Ihren Bekanntheitsgrad?

_____
_____
_____
_____
_____

111+9. Haben Sie Ihre Werte festgelegt? Ist Ihre Story so stark, dass sie neue Mitarbeiter anzieht?

_____

_____

_____

_____

_____

111+10. Worin können Sie Marktführer werden? Ist Marktführerschaft in einem klar definierten Markt Ihr festes Ziel?

_____

_____

_____

_____

_____

111+11. Kraft ist gleich Druck geteilt durch Fläche? Wie groß ist die Fläche innerhalb Ihrer Firma, auf der Sie tätig sind?

_____

_____

_____

_____

_____

Und nun die Frage aller Fragen:

Worin sind Sie der Experte? (mit maximal 7 Worten)

1. Wort	2. Wort	3. Wort	4. Wort	5. Wort	6. Wort	7. Wort

To-do-Liste

Ein Wort zum Schluss:

Erfolg kann so einfach sein: Eigentlich müssen Sie nicht viel mehr tun, als täglich eine Stunde mit diesen Fragen zu arbeiten. Das reicht, um Ihr Einkommen zu verdreifachen. Wenn Sie es konsequent tun.

Denken Sie daran: Je mehr es sich bei Ihrem Geschäft um Ihre Kernfähigkeit handelt, desto motivierter werden Sie dazu sein. Umgekehrt gilt aber auch: Je weniger Spaß Ihnen das macht, desto wahrscheinlicher handelt es sich um Ihr Kerngeschäft, dessen Sklave Sie sind.

Übrigens: Würden Sie sich täglich zwei Stunden mit diesen Fragen beschäftigen, ist auch ein noch höheres Einkommen möglich. Positionierung hat keine Grenzen.

Sie erinnern sich an Red Adair? Er hat in den 70er Jahren einen brennenden Erdgasspeicher in der Oberpfalz gelöscht; nachdem sich deutsche Spezialisten daran sieben Tage lang erfolglos versucht hatten. Red Adair benötigte 18 Minuten (!) und erhielt einen Scheck über 1,6 Millionen DM (!!!). Aber da war er auch noch nicht berühmt ...

Nachdem Sie sich das vergegenwärtigen, bleibt mir eigentlich am Schluss nur eine – aber auch die wichtigste – Frage zu stellen: Wie werden Sie sicherstellen, dass Sie mit diesem Handbuch täglich arbeiten? Werden Sie – jetzt gleich – eine Zeit jeden Tag dafür blocken?

Ich wünsche Ihnen den Wunsch eines erfolgreichen Positionierungs-Experten: Mögen Sie sich immer wieder die richtigen Fragen stellen!

Herzlichst Ihr

Bodo Schäfer

Das Coaching-Programm von Bodo Schäfer

548 €

Artikel-Nr.: 992211

Es gibt tatsächlich den sicheren Weg zu Ihrer ersten Million. Bodo Schäfer hat ihn bis 2004 auf seinen Geldsminaren gezeigt.

Es waren die erfolgreichsten in Europa – und das hatte hauptsächlich einen Grund: **Diese Seminare machten reich. Über 30.000 Briefe beweisen: Viele Tausend Menschen haben durch sie die finanzielle Freiheit erreicht.**

Jetzt haben er und seine Experten noch einmal sein erfolgreichstes Finanzseminar durchgeführt und in Kinoqualität filmen lassen.

So erleben Sie die prickelnde Atmosphäre des Live-Seminars – jederzeit und bequem zu Hause.

Dieses Seminarerlebnis hat Bodo Schäfer durch brandneues umfassendes Material ergänzt. Herausgekommen ist ein Paket, das den sicheren Weg zu Wohlstand weist.

Darum verspricht Bodo Schäfer:
In diesem Paket steckt Ihre erste Million.

**Filme und Infos unter
www.millionaer7.de**

RSI.Bookshop GmbH · Gustav-Stresemann-Straße 19 · 51469 Bergisch Gladbach
Tel.: 0700 / 346 947 366 · Fax: 0700 / 346 947 329
Mail: bookshop@rsi24.de · Web: www.rsi-bookshop.de

Mut zum Glücklichsein

Das Erfolgseminar von Bodo Schäfer, Bernd Reintgen und Peter Holzer

697 €

Stellen Sie sich vor, Sie erhalten einen Brief
mit **Antworten** auf die wichtigsten Fragen Ihres Lebens:

- Wer bin ich?
- Warum bin ich hier?
- Was sollte ich mit meinem Leben tun?
- Was hält mich zurück?
- Wie finde ich den Mut, das zu tun, was mir entspricht?

Artikel-Nr.: 902095

Es gibt die Antworten bereits – in Ihnen, in jedem von uns. **Sie müssen nur die richtige Tür öffnen.** Entdecken Sie mit diesem DVD-Intensivseminar, wer Sie wirklich sind und was alles in Ihnen steckt. Mit diesem Seminar können Sie Ihre zentralen Fragen beantworten.

Sie werden das Leben wählen können, das Ihnen entspricht. Sie können mit Ihrem Leben etwas Herrliches anfangen.

Bodo Schäfer ist sich seiner Verantwortung bewusst und zutiefst davon überzeugt, dass jeder Mensch das natürliche Recht auf ein erfülltes, glückliches Leben in Freiheit hat. Konsequent hat er mit diesem Seminar eine umsetzbare Möglichkeit entwickelt, mit der auch Sie dieses Ziel in kürzester Zeit erreichen können.

Filme und Informationen über das neue DVD-Intensivseminar unter
www.mzg24.de

RSI.Bookshop GmbH · Gustav-Stresemann-Straße 19 · 51469 Bergisch Gladbach
Tel.: 0700 / 346 947 366 · Fax: 0700 / 346 947 329
Mail: bookshop@rsi24.de · Web: www.rsi-bookshop.de

Audio-Seminar „Die Gesetze der Gewinner" inkl. Praxis-Handbuch als CD-ROM

Erfolgs-Kompendium für Ihren Alltag

Mit dieser Hörbuchversion des Bestsellers „Die Gesetze der Gewinner" erfahren Sie in 30 „Coaching-Einheiten" die Grundsätze für ein erfolgreiches und erfülltes Leben – im Auto, zu Hause oder entspannt im Urlaub.

Bodo Schäfer hat Jahrtausende alte Weisheiten und Erfolgsstrategien zusammengetragen und in die heutige Zeit übersetzt.

„Die Gesetze der Gewinner" bezeichnet er selbst als sein Lebenswerk. Sie erfahren die entscheidenden Strategien, mit denen Sie in allen Lebens bereichen ehrgeizige Ziele erreichen.

Art.-Nr. 992152 · **79,00 €**

Mentale Alchemie

Gesprochen von Bodo Schäfer

Haben Sie manchmal Probleme und Sorgen? Oder gelingt es Ihnen leicht, solche Herausforderungen zu glücklichen Momenten und Erfolgen zu machen? Die Alchemisten vergangener Jahrhunderte standen in dem Ruf, unedles Material in Gold verwandeln zu können. Mentale Alchemie macht nichts anderes: Mit ihrer Hilfe können Sie hemmende Gedanken in goldene Chancen verwandeln.

Es gibt vor allem drei zentrale Herausforderungen im Leben – nichts hemmt uns so sehr wie unsere Ängste, die Versuchung aufzugeben und unsere Probleme. Diesen drei Herausforderungen begegnen wir immer wieder. Wir müssen lernen, dieses „unedle Material" unseres Lebens in Gold zu verwandeln. So erschließen wir unser wahres Potenzial.

- 20 praktische Sofort-Hilfen für Sorgen und Ängste
- So lernen Sie durchzuhalten
- Wie Sie Probleme in Gold verwandeln

Dieses Programm zeigt Ihnen in mehr als 4 Stunden einfache Wege, wie Sie buchstäblich Ängste und Probleme in Gold verwandeln. Sie lernen, die Kraft der mentalen Alchemie zu nutzen.

Art.-Nr. 902064 · **97,00 €**

Die Kunst, Ihre Zeit zu führen

Vergessen Sie klassisches „Zeitmanagement". Nicht die Zeit ist entscheidend, sondern die Chancen, die sich Ihnen bieten.

Lernen Sie, unabhängig von der Uhr diese Chancen Ihres Lebens zu nutzen, um so effektiver und erfolgreicher zu arbeiten – und vor allem, um viel glücklicher zu leben!

Bodo Schäfer zeigt Ihnen in diesem Audio-Seminar, wie Sie auf einfache Weise lernen, Ihre Zeit zu führen. Und wie Sie mit dem „Kompass Ihres Lebens" Träume verwirklichen und so ein erfülltes und erfolgreiches Leben führen.

- So gewinnen Sie ca. 2 Stunden pro Tag
- Wie Sie Ihre Chancen erkennen und nutzen
- Sie finden Frieden und Ruhe

Art.-Nr. 991007 · **47,00 €**

RSI.Bookshop GmbH · Gustav-Stresemann-Straße 19 · 51469 Bergisch Gladbach
Tel.: 0700 / 346 947 366 · Fax: 0700 / 346 947 329
Mail: bookshop@rsi24.de · Web: www.rsi-bookshop.de